COUP D'OEIL

SUR

L'ORIGINE ET LE DÉVELOPPEMENT DE LA LANGUE FRANÇAISE.

PROGRAMME

A LA CLÔTURE DES ÉTUDES DE L'AN 1864/65

RÉDIGÉ PAR

Dr. LOUIS HOSTOMBE,

MAÎTRE DE LANGUE FRANÇAISE AU GYMNASE ROYAL.

WURZBOURG.

IMPRIMERIE DE FRÉRÉIC ERNESTE THEIN.

1865.

COUP D'OEIL
SUR L'ORIGINE ET LE DÉVELOPPEMENT DE LA LANGUE FRANÇAISE.

La langue française est une langue dérivée appartenant au groupe romain qui forme une branche de la grande souche arique ou indo-germanique, nommée aussi indo-européenne.

La souche arique embrasse les groupes suivants:

a) les langues indiennes (le sanscrit, le pahli, l'indostan &c.);
b) les langues greco-romanes (le grec, le latin, le français, la langue provençale, l'italien, l'espagnol, le portugais, le rasco-roman, le daco-roman);
c) les langues perses (le zend, le pehlvi, le persan);
d) les langues germaniques (la langue gothique, allemande, suédoise, anglaise);
e) les langues celtiques (la langue basque, gauloise, kymrique);
f) les langues slaves (la langue lithuanienne, russe, esclavonienne, polonaise, bohémienne &c.).

Pour arriver aux éléments de la langue française il faut remonter jusqu'aux temps où une grande famille de peuples était répandue sur le sol de la France, sur les Alpes, le Nord de l'Italie, quelques parties du Sud de l'Allemagne, la Bohème jusqu'à la Hongrie et l'Istrie et sur quelques parties de l'Espagne et qui est comptée au nombre des peuples indo-germaniques.

Ce grand peuple se comprosait d'un assez grand nombre de tribus dont l'une, celle des Celtes, (nommés par préférence Gaulois, mais qui se nommaient eux-mêmes Gales), doit être regardée comme celle d'où naquit le caractère des Français de nos jours et de leur langue et que le mélange avec les Grecs, les Romains et les peuples germaniques n'a pu détruire, étant encore de nos jours parfaitement tel que Jules César l'a décrit. Il est incontestable que le caractère d'un peuple exerce une grande influence sur le développement d'une langue et lui imprime, par conséquent, un caractère particulier et en fait un idiome.

La langue française a puisé dans la langue celtique, grecque, latine, germanique, arabe et dans plusieurs langues modernes.

Avant l'arrivée des Grecs et des Romains les idiomes celtibériques et celtiques se parlaient dans les Gaules, mais pour arriver à leur origine, il faudrait poursuivre la langue celtique jusqu'au sanscrit, car M. Pictet en a démontré l'affinité avec le sanscrit, cequ'elle a, au reste, de commun avec tous les idiomes germaniques, mais Théophile Arndt la rapproche de la langue finlandoise et samojède.

Remontons à peu près cinq siècles avant l'ère chrétienne, où les Phocéens fondèrent Marseille (nommée alors Massilia phocaïca) et nous trouverons les peuples celtiques déjà en possession d'une certaine culture, quoique leurs prêtres fussent alors encore leurs législateurs, leurs juges et les enseigneurs de leur religion. Bien que jusqu'à la fondation de Massilia le développement de l'esprit ne marchât pas à pas égal, cette condition a dû changer dès le moment que l'influence des écoles grecques, établies à Massilia s'est fait sentir et que le commerce journalier avec les Grecs, les connaissances que les enfants des familles distinguées avaient puisées dans les sciences et les arts grecs ont répandu leur influence salutaire.

Les Celtes adoptèrent les lettres grecques, ils enrichirent leur idiome par la réception d'un grand nombre de mots pour exprimer des conceptions, pour lesquelles ils n'avaient pas encore d'expressions. Ce n'est donc pas par l'étude et par la connaissance de la littérature grecque que ces mots ont trouvé d'abord leur chemin à la langue française, mais par le commerce journalier avec les Grecs de Massilia et avec les nombreuses colonies que les Rhodiens avaient établies sur les bords du Rhône.

Monpellier et Narbonne reçurent aussi un contingent d'étrangers, surtout de Bébryciens et de Bithyniens.

La propagation du christianisme principalement par des Grecs et le commerce sur la mer Méditerranée, auquel les Gaulois prenaient insensiblement part et où la langue grecque était la langue commerciale indroduisirent beaucoup de mots grecs dans la langue celtique ou gauloise.

Il est difficile de fixer le temps où l'un ou l'autre des groupes de mots a été reçu dans la langue celtique, mais les mots suivants paraissent bien être des plus anciens: *tuer*, *θύειν*; colère, *χολή χολερός*; squelette, *σκελετός*; étouffer, *τύφειν*; tombeau, *τύμβος*; lécher, *λείχειν*; broc, *βρόχος*; bourse, *βύρσα*; zèle, *ζῆλος*; chef, *κεφαλή* &c. Ceux qui enseignaient les premiers la religion chrétienne dans les Gaules venaient pour la plupart de Grèce et s'adressaient, par préférence, aux femmes, qui embrassèrent le christianisme bien plus tôt que les hommes; voilà pour quoi il y avait beaucoup de femmes qui apprirent le grec et le transmirent sur leurs enfants. Aussi la plus grand partie des lettres qu'écrivait St. Irenée étaient-elles adressées à des femmes et écrites en grec, ce qui paraît bien naturel, étant Grec lui-même et disciple de Papias et de St. Policarpe et, à ce qu'on croit, envoyé par ce dernièr dans la Gaule l'an 157 après la n. de J. Chr. Il arriva à Lyon, s'y arrêta et y practiqua le sacerdoce. Après la mort de l'évêque Pothin, il lui succéda et devint le chef des évêques des Gaules. Comme lui St. Pothin et St. Denis, qui a fait bâtir la première église chrétienne à Paris, se servaient de la langue grecque, tandis que St. Jerôme, St. Hilaire et St. Avitus, St. Sulpice et encore beaucoup d'autres se servaient de la langue latine.

Les acta Martyrum Lygdunensium sont écrit en grec.

St. Irenée se plaint d'être encore obligé, dans sa vieillesse, d'apprendre la langue celtique, pour se faire mieux entendre. Les Gaulois secondés par leur bon talent et par leur envie d'apprendre s'étaient déjà élevés bien long temps avant la n. de J. Chr. à une culture qui les distinguait avantageusement de leurs voisins et les habitants de Massilia était alors déjà nommés trilingues, parcequ'on y parlait presque avec la même facilité la langue celtique, latine et grecque.

Le commerce des Phéniciens avec les parages de la Méditerranée et par leur séjour prolongé dans la partie de la Gaule qui était nommée par les Romains Gallia Narbonnensis, ainsi que par la coutume des soldats gaulois, qui servaient dans les armées d'Annibal de s'approprier leur langue, bien des mots puniques ont été inculqués à la langue celtique, surtout lorsque ces soldats étaient de retour dans leurs villages.

Les Gaulois ayant commencé à porter la culture de l'esprit à un dégré supérieur n'auraient pas manqué d'élever leur langue jusqu'au langage des livres et de la rendre dépositaire d'une littérature particulière, si les hommes les plus éclairés et de la plus grande influence sur la nation ne s'étaient pas servis de la langue grecque et de la langue latine, et que les Romains leur eussent laissé le temps nécessaire au développement, mais l'idée de dominer le monde, idée qui enthousiasmait de tout temps les Romains se fit bientôt sentir aux Gaulois.

Les victoires remportées sur les rois Congolitan et Aneroëste ayant frayé aux Romains le chemin des Gaules l'an 225 avant la n. de J. Chr., et César les ayant plus tard entièrement subjuguées, les Romains ne songèrent qu'aux moyens d'impatroniser leur langue dans les Gaules, comme ils l'avaient fait ailleurs, voulant donner à leur langue une propagation universelle. Ils établirent partout des écoles et les Gaulois favorisèrent les efforts des Romains par l'envie de s'instruire et par les talents dont ils étaient doués.

En portant un regard sur la circonstance que, dans les tribunaux des préteurs, l'on ne permettait que la langue latine, qu'une loi imposait aux préteurs de rédiger leurs ordonnances en latin, que personne ne pouvait occuper ni charge ni emploi honorable sans la connaissance de cette langue, il paraît bien naturel que les personnes instruites et les ambitieux se rendaient tellement versés dans la langue latine qu'ils ne se servaient que de la dernière et que Juvenal conseillait toujours à ceux qui voulaient s'exercer dans l'éloquence de se rendre dans les Gaules ou en Afrique puisqu'elle était trop négligée à Rome.

Du temps de St. Augustin on ne comprenait presque plus la langue punique à Hippone tandis que les enfants y parlaient le latin avec volubilité. Dans les villes et dans la meilleure partie de la nation on ne parlait que le latin, mais il se forma, parmi le peuple, qui ne faisait pas d'études et parmi les habitants de la campagne qui environnaient les villes, par un grand mélange de mots hétérogènes et corrompus, introduits surtout par le grand nombre des Gaulois qui avaient servi dans les armées romaines un langage particulier nommée langue romaine vulgaire (lingua romana rustica aut vulgaris), qui devint bientôt dans toutes les Gaules le seul idiome admissible. Mais nous nous tromperions, si nous croyions que la langue celtique eût été entièrement supplantée, car au deuxième siècle St. Irenée, comme nous l'avons déjà cité, se plaignait d'être obligé d'apprendre la langue celtique, pour se faire entendre au peuple gaulois et Halam dans son View of Europe in middle-age a cité beaucoup de preuves pour démontrer que la langue celtique a continué à exister à côté de la langue romaine vulgaire.

Tandisque Barbazan nie toute influence des langues celtiques et tudesques sur le roman et qu'il en fait les étymologies les plus ridicules, La Ravallière prétend que la langue française n'est pas une fille de la langue latine, mais la langue celtique elle même, tant soit peu changée, qui s'est formée en même temps que la langue latine et qui s'est développée à côté d'elle. Il croit que c'est à cette circonstance qu'il faut attribuer la ressemblance que montrent plusieurs mots.

La propagation des Romains dans les Gaules, les carnages que J. César avait fait parmi les Gaulois en déterminèrent un grand nombre de sauver leur vie et leur liberté, en cherchant une autre patrie et en s'établissant en Irlande, dans la principauté de Wales et en Ecosse, où ils ont sauvé leur langue de l'anéantissement total et où se parlent, encore de nos jours, plusieurs dialectes du peuple celtique et où ils se sont élevés jusqu'au langage des livres.

Les peuplades où les dialectes en question se sont conservés, sont:

1) les Gales, habitants de la Haute-Ecosse et des îles Hébrides. Les plus rapprochés pour la langue sont les Erses ou Irlandais, qui font la plus grande partie de la population de l'Irlande. Les habitants de l'île de Man ne s'en distinguent que par leur dialecte, mais qui est près de s'éteindre. Il faut bien regarder les Kymri ou Cimbres comme un groupe particulier de la souche du peuple celtique. Ils se divisent en deux parties,
   a) en celle des Wales ou Cimbres proprement dits qui habitent la principauté de Wales;
   b) en celles des Cornuailles qui habitent le comté de Cornuaille (Cornwall) et dont le dialecte est éteint;
   c) les Breyzads ou Bretons dans la Bretagne, départements Finisterre, Morbihan et Côte du Nord forment le reste de la nation celtique sur le continent européen et parlent leur langue en quatre différents dialectes.

Du temps de Strabon le latin était déjà très répandu dans les Gaules, car par les guerres fréquentes des Romains avec les tribus gauloises, qui s'étaient souvent révoltées, par les carnages et l'entraînement des prisonniers la population celtique s'était considérablement diminuée, ce qui avait facilité la propagation de la langue latine, qui fut encore beaucoup favorisée par l'ambition des Gaulois d'être reçu bourgeois romain.

Les nombreuses écoles, surtout les académies que les Romains avaient établies dans les Gaules et dont plusieurs, principalement celle d'Autun étaient considérablement fréquentées formaient un grand nombre d'hommes de lettres, mais qui se servaient du latin pour composer leurs ouvrages. Les Gaules ont produit entr'autres Cornelius Gallus, Trogue-Pompée, Petrone, Lactance, Ausone &c. et l'Espagne se trouve honorée d'avoir donné le jour aux deux Sénèque, à Lucain, à Pomponius Mela, à Columelle, à Martial, à Silius Italicus, à Hygin &c.

L'influence de la langue celtique et des autres élements que cette langue contenaient déjà, exercée sur la langue latine, surtout dans les Gaules, corrompit le latin classique; de nouveaux mots furent reçus ou créés, cequi se voit suffisamment dans les ouvrages des auteurs postérieurs.

Lorsque plusieurs tribus tudesques poussées par la migration des peuples et attirées par la prospérité pénétraient dans les Gaules pour s'y fixer et pour trouver une nouvelle patrie, il se faisait par le mélange de tant d'idiomes différents et par l'union des Tudesques païens avec les Gaulois dont un grand nombre avaient déjà embrassé le christianisme, une confusion de langues et une décadence des beaux établissements, de sorte que la connaissance de la littérature grecque et de la latine, ainsi que l'érudition se refugièrent dans les couvents et y végétèrent plusieurs siècles presque exclusivement. Mais dès que le Clergé eut atteint, par le baptême de Clodion, une plus grande influence, le latin classique gagna de nouveau, auquel on aurait bien voulu donner un caractère universel sentant partout la nécssité d'une langue achevée et commune pour sortir enfin de cette confusion. La langue latine, il est vrai, gagna pour quelque temps le dessus, mais la puissance de l'influence des basses classes de la population et le mélange de leurs idiomes avec les idiomes tudesques étaient si grands qu'il se formait peu-à-peu un caractère de langue tout nouveau auquel on a donné le nom de romancero ou roman et dans lequel le latin se faisait prévaloir, Avec les Romains la rime est entrée dans les Gaules où elle n'a jamais été entièrement inconnue. Elle se continuait pendant le moyen-âge et devint une loi dans les poésies nationales.

Comparez des exemples tels que les suivants:

Quem mortis timuit gradum,
Qui siccis oculis monstra natantia,
Qui vidit mare turgidum,
Infames scopulos Acroceraunia.

(*Horace.*)

Ipsum inter pecudes vasta se mole moventem
Pastorem Polyphemum et littora nota petentem.

(*Virgile.*)

Teribilem cristis galeam flammasque vomentem,
Fatiferumque ensem laricamque ex aere vigentem,
Sanguineam ingentem. . . . . .

(*Virgile.*)

La rime fut souvent employée non seulement au milieu et à la fin des vers, mais encore en prose, à la fin de la première et de la seconde locution. Voici quelques exemples puisés dans les sermons de Richard de St. Victor. Histoire littéraire de la France, Vol. XIII. p. 488.

Cum contra mandatum divinum aliquid praesumitur, per contumaciam contra majestatem agitur. Sed cum majestatem laesam propitiam volumus, ad ejus misericordiam concurrimus.

Recurrimns ad ejus bonitatem, imo et ad ejus veritatem.

Nam venia poenitentibus promissa est, ab eo qui mentiri omnino non potest.

Massieu, Histoire de la poésie française p. 82. dit au contraire: La Provence avait été la porte par où la rime est entrée en France, tandisque Dubois regarde la Normandie, avant tout, comme la patrie de la rime et de l'origine de la poésie française. L'idiome mixte dont nous avons déjà parlé ci-dessus et qui s'était formé par le mélange de différents dialectes tudesques avec les éléments latins avait déjà été complètement développé du temps de Charles Martel et existait, sans doute, bien plus tôt en des formes individuelles.

Les Allemands avaient donné à ce romancero le nom de langue wallone; Chronic. Monaster. St. Trudonis, I. p. 348. Nativam linguam non habuit Teutonicam, sed quam corrupte nominant Romanam, Teutonice Wallonicam. Warnkönig, Histoire de Flandre montre les limites d'extention de la langue tudesque et romane en Belgique.

Cet idiome mixte, du latin corrompu principalement par les différents dialectes des peuples immigrés qui, dans ses principaux traits, ressemblait à l'idiome provençal futur, existait déjà alors dans le peuple, dont nous citerons plusieurs preuves.

Dans les litanies de Charlemagne les réponses se faisaient en langue romane; p. ex.

Sancta Maria, ora pro nos.
Sancte Cherubim, ora pro nos.
Sancte Seraphim, ora pro nos.
Sancte Petre, ora pro nos.

Adriano summo pontifice &c. vita:

Redemptor mundi, tu lo juva.
Sancte Petre, tu lo juva.

Karolo excellentissimo et a Deo coronato &c. vita et victoria:

Salvator mundi, tu lo juva.
Sancte Johannis, tu lo juva.

L'an 572 Grégoire de Tours s'était plaint dans la préface de son histoire que cette langue vulgaire se répandait de plus en plus et que la langue latine tombait en oubli: Philosophantem rhetorem intelligunt pauci, loquentem rusticum multi. Vu cette circonstance on a été obligé d'ordonner, dans plusieurs conciles, aux ecclesiastiques de faire leurs sermons dans la langue du peuple et non pas dans la langue latine, que le peuple ne comprenait plus.

Concile de Rheims, 813: Ut episcopi sermones et homilias sanctorum patrum prout omnes intelligere possint, secundum proprietatem linguae praedicare studeant.

Concile de Tours, 813: Visum est unitati nostrae ut quisque episcopus habeat homilias continentes necessarias admonitiones, quibus subjecti erudiantur; id est de fide catholica, prout capere possint, de perpetua retributione bonorum et aeterna damnatione malorum, de resurrectione quoque futura et ultimo judicio et quibus operibus possit promereri vita beata quibusve excludi; et ut easdem homilias quisque transferre studeat in rusticam romanam linguam aut theotiscam, quo facilius cuncti possint intelligere, quae dicuntur.

Paschasius Ratbert dit dans sa vie d'Adhalard, abbé de Corvey (mort 826): Quem si vulgo audisses, dulcifluus emanabat; si vero idem barbara, quam teutiscam dicunt, lingua loqueretur, praeeminebat caritatis eloquio.

L'épitaphe du pape Grégoire V. qui était né Frank, louait sa connaissance de la langue vulgaire, qui était le romancero d'alors. Dans une éloge en vers latins, que Pasch. Ratbert a ajouté à la vie d'Adhalard, il invite les poëtes romans et latins à chanter les vertus du saint; de là résulte que la langue romane avait déjà ses poëtes. Charlemagne pour faire valoir ses créations comme une continuation de l'empire romain et pour donner à ses peuples un moyen d'entendement commun favorisait beaucoup la langue latine et tâchait de la faire apprendre dans sa pureté et adopter généralement, mais tous ses efforts étaient en vain, car le romancero était déjà trop perfectionné et partout répandu dans le peuple et connu dans une grande partie de l'Espagne et de l'Italie. Le romancero de ce temps et jusqu'au temps de Charles le Chauve était presque entièrement conforme à la langue provençale, telle qu'elle s'est manifestée comme langage des livres.

Quant à la langue tudesque Charlemagne était bien plus heureux, il chercha à l'élever au langage des livres et il y réussit. Sous le règne de Charlemagne on voyait naître une grande activité scientifique, qui se continuait sous son successeur, mais qui s'éteignit bientôt après, même dans les couvents, et l'ignorance se répandait même là où les sciences et la culture de l'esprit devaient conserver l'estime à l'état.

Nous citerons pour preuve une formule de baptême que l'évèque Boniface de Mayence avait annulée et que le pape Zacharie a dû approuver. La voici:

Ego te baptiso in nomine patria et filia et spiritus sancti.

L'idiome franc ou tudesque n'a pu se soutenir dans les Gaules, il fut enfin supplanté par le roman et à la Cour de Charles le Chauve on ne le comprenait plus.

Borel, Dom Rivet et d'autres sont d'accord que l'épitaphe du comte Bernard qui fut exécuté l'an 844 par ordre de Louis le Pieux date du même temps:

Aissi jac lo comte Bernard,
Fisel credeire al sang sacral,
Que sempre prud hom est estat:
Prequem la divina bonntat
Qu'aquela fit que lo tuat
Posqua oy arma aber salvat.

On peut regarder le serment que Louis, roi d'Allemagne, a prêté à Strasbourg à son frère Charles le Chauve, et qu'on a publié en langue romane et tudesque, comme un des plus anciens monuments de la langue provençale. D'autres le regardent comme appartenant à la langue d'oïl.

Voici le texte:

Pro Deo amur et pro Christian poblo et nostro commun salvament dist di en avant in quant Deus savir et podir me dunat, si salvarei eo cist meon fradre Karlo, et in adjudha et in cadhuna cosa, si com om per dreit son fradra salvar dist in o quid il mi altresi fazet; et ab Ludher nul plaid nunquam prindrai qui meon vol cist meon fradre Karle in damno sit.

En français:

Pour l'amour de Dieu et pour le peuple chrétien et notre commun salut, de ce jour en avant, en tant que Dieu me donnera de savoir et de pouvoir, je soutiendrai mon frère Charles ici présent, pour aide et en toute chose, comme il est juste qu'on soutienne son frère, tant qu'il fera de même pour moi. Et jamais avec Lothaire je ne ferai aucun accord qui de ma volonté soit au détriment de mon frère.

C'est ici que se range encore le poëme sur la détention de Boëthius, probablement du commencement du X. siècle, au moins cent ans plus vieux que le premier troubadour et l'hyme sur la sainte Eulalie dans la bibliothèque de Valancienne dont voici le commencement:

Buona pulcella Eulalia. Bel auret corps, belle zour anima.
Voldrent la veintre li Do inimi. Voldrent la faire diaule servir,
Elle non eskoltet les mals conseilliers. Quelle Do raneict chi maent sus en ciel.

Le romancero dominé par l'influence romaine et tudesque prit plus ou moins de nuances, selon le peuple conquérant; mais peu à peu se manifestèrent, par préférence, deux caractères très distincts — la langue d'oc, celle du Midi de la France et la langue d'oïl (langue d'oui, langue de si), celle du Nord de la France. Il paraissait quelque temps que le romancero du Sud gagnerait le dessus, mais la puissante influence des Normands le réduisit au patois.

La séparation en France du Sud et en France du Nord pourra bien dater du temps où Lothaire cherchait à fonder un propre royaume. Quoique ce royaume n'existât pas long temps, le romancero du Sud fut cependant beaucoup favorisé par Boson, qui a fondé le royaume d'Arle, ainsi que par ses successeurs. Mais l'esprit entreprenant des Normands, qui portaient les armes dans différents pays, créa partout un nouvel asile au romancero du Nord. Il arriva avec les Normands sous Guillaume le Conquérant en Angleterre et devint le langage de la Cour; il arriva encore avec eux et plus tard avec le duc d'Anjou dans le royaume de Naples, où la poésie provençale avait fleuri sous les Hohenstaufen (Ghibellins); il arriva en Portugal avec le duc de Bourgogne, lorsqu'il monta sur le trône, à Jerusalem avec Godefroi de Bouillon et ses compatriotes, à Constantinople avec les Courtenay, comtes de Flandre, où ils possédaient quelque temps le trône latin.

Le romancero du Nord était même estimé et aimé en Allemagne, surtout par cette espèce d'élégance et ce ton social qui le distinguaient.

Quoique plusieurs écrivains croient que le romancero du Sud et celui du Nord se soient dévelopés en même temps l'un à côté de l'autre, M. Renouard prétend que le romancero du Sud est plus ancien que le romancero du Nord, tandis que de la Rue donne au dernier une origine bien antérieure.

Pour mieux approfondir ce sujet on fera bien de lire les auteurs suivants:

De Martonne, de la priorité de la langue d'oïl sur la langue d'òc ou de leur contemporanéité, dans les Mémoires de la Société Royale des Antiquaires de France, Vol. XI., pag. 293; Glaber, Ueber den Gegensatz der Normannen zu den Bewohnern des südlichen Frankreichs, p. 83 bei Du Chesne, Tom. IV.; Eichhorn, Geschichte der Cultur. Göttingen 1796; Heeren, Ueber den Einfluss der Normannen auf die fränkische Sprache und Literatur. Göttingen 1789; Depping,

Histoires des expéditions des Normands, puis son Histoire de Normandie sous le règne de Guillaume de Conquérant.

J. R. G. Beck, Questionum de originibus linguae franco-gallicae specimen. Lips. 1810, 8. G. Henry, Histoire de la langue française P. 1811, 2 Vols. 8. Wey, Histoire des Révolutions du Langage en France, Paris 1849.

M. Leber dit: Il est certain que la belle langue d'oc sonore, qui contenait moins d'éléments des peuples immigrés, mais qui s'était formée par une transformation sonore de mots latins, se développait d'autant plus rapidement qu'un ciel méridional serein, une longue paix, un doux gouvernement éveillaient dans ce peuple enjoué, doué de talents, un penchant naturel pour la poésie, qui créa toutes sortes de productions poétiques, pour la plupart du genre lyrique.

La poésie provençale partant d'abord du peuple s'est élevée jusqu'à la perfection artiste, que les croisades, vers la fin du onzième siècle, et la chevalerie alimentaient beaucoup. Les poëtes du Sud se nommaient Troubadours, trobador; leur art était appelé art de trobar, plus tard gai saber et produisirent une littérature dont la richesse peut rivaliser avec la littérature d'autres peuples.

Les Troubadours chantaient leurs poésies ou eux-mêmes ou les faisaient chanter par les joglars, mais quand les chanteurs étaient à leurs services, alors ils eurent le nom de menestrels, La poésie des Troubadours consistait en chants d'amour qu'on nommait généralement chanzos, mais ils reçurent encore d'autres noms tels que albas, serenas, ballada, pastorella &c.

Les chants satiriques se nommaient sirventes et étaient souvent très mordants et francs. Outre ceux-ci on avait encore des tensos (luttes poétiques), des fables, des legendes, des nouvelles et plusieurs autres grandes poésies. A. W. Schlegel dit de la poésie des Troubadours: On ne saurait considérer les chants des Troubadours comme les effussions spontanées d'une nature encore toute sauvage. Il y a de l'art, souvent même un art fort ingénieux; surtout un système compliqué de versification, une variété et une abondance dans l'emploi des rimes qui n'ont été égalées dans aucune langue moderne. Les Troubadours appelaient eux-mêmes cet exemple de poésie et de musique auquel ils exerçaient leur talents une science, mais c'était la science gaie. Elle n'était pas puisée à la source des livres, ni des modèles réputés classiques; elle leur était inspirée uniquement par leur instinct poétiqe et par le désir de plaire à leur contemporains. Le siècle où ils vivaient n'était nullement savant ni philosophique, mais robuste, indiscipliné, guerrier, avantureux même. Il y avait des contrastes frappants; d'un côté une noble délicatesse dans les sentiments, un raffinement élégant dans les manières des classes supérieurs; de l'autre de fortes ombres de licence, de rudesse et d'ignorance dans l'ensemble de l'ordre social. Les poésies d'un tel temps, surtout celles qui tiennent de plus près à l'inspiration du moment et à la vie individuelle, les poésies liriques, ne ressemblent point aux fleurs usuelles de nos jardins littéraires, mais bien plutôt à ces plantes alpines qui ne sauraient être transportées hors de leur sol natal et de la température du ciel qui leur est propre. — — —

L'enthousiasme que les croisades et les exploits excitaient, la connaissance de la littérature arabe, les trésors poétiques de la Perse et des Indes, transmis par la bouche des Arabes, donnèrent un nouvel élan à la littérature de l'Ouest et produisirent plusieurs nouvelles espèces de poésies et l'on doit surtout à cette circonstance, ainsi qu'au séjours des Arabes au Sud de la France l'introduction d'un certain nombre de mots arabes dans la langue française.

Il nous reste encore à faire observer que le romancero du Sud a eu une influence remarquable sur le romancero du Nord et surtout sur la fixation de cet idiome, de même que les Troubadours comptaient au nombre de leurs confrères non seulements des personnes de la classe bourgeoise, mais encore du rang ecclésiastique, du rangs des Chevaliers et même du rans des Princes, comme p. ex.:

Guillaume IX., duc d'Aquitaine et comte de Poitou dont la petite-fille Eléonore, mariée au roi Henri II d'Angleterre a introduit la poésie provençale en Angleterre; l'empereur d'Allemagne Frédéric Barberousse; Richard, Coeur de Lion; Alphonse II; Pierre III d'Aragon; Frédéric III de Sicile, le Prince d'Orange; le comte de Foix &c. Outre les poëtes ci-nommés se distinguèrent encore: Bertran de Born; Bertran de Ventadour; Rambaud de Vaqueiras; Pierre Vidal de Toulouse; Arnaud Daniel, inventeur des sixtines; Pierre Cardinal, excellent poëte, le Jouvenal des Troubadours; Giraud de Borneil, l'un des plus distingués; Giraud Riquier de Narbonne &c.

Richard, Coeur de-Lion était un fameux poëte et un des meilleurs chanteurs de son temps, ainsi que son ami Blondel. En retournant de sa croisade pour se rendre en Angleterre il fit naufrage près d'Aquilée et fut arrêté le 20. décembre 1192, par Leopold, duc d'Autriche qu'il avait maltraité au siége d'Acre. Le Duc le vendit l'année suivante à l'empereur d'Allemagne Henri VI qui le garda enfermé jusqu'à ceque Blondel, qui le cherchait, eût reconnu son séjour au poëme suivant et que Richard eût payé une rançon de 100,000 marcs d'argent. Il ne fut mis en liberté qu'en 1194.

LANGUE D'OC.	FRANÇAIS MRDERNE.
Ja nuls hom pres non dira sa razon	Jamais nul homme prisonnier ne dira sa raison
Adrechament, si com hom dolens non;	Franchement, sinon comme homme malheureux,
Mas per conort deu hom feire canson,	Mais pour consolation doit-on faire chanson,
Pro n'ay damis, mas pavre son li don;	Assez j'ai d'amis, mais pauvres sont les dons;
Ancta lur es, si per ma rezenson	Honte leur est, puisque pour ma rançon
Soi sai dos yvers pres.	Je suis ici deux hivers prisonnier!
Or sapchon bien miey hom et miey baron,	Maintenant sachent bien mes sujets et mes barons
Angles, Norman, Peytavin e Gascon,	Anglais, Normans, Poitevins et Gascons,
Qu'ieu non ay ja si pavre compaguon	Que je n'ai jamais eu si pauvre compagnon
Qu'ieu laissasse, per aver, en preison;	Que je laissasse, pour argent, en prison;
Non ho dic mia per nulla retraison.	Je ne le dis point pour nul reproche,
Mas anquar soi je pres.	Mais encore suis-je prisonnier!
Car sai eu ben per ver, certanament.	Toutefois sais-je bien pour vrai, certainement,
Qu'hom mort ni pres n'a amic ni parent.	Qu'hom mort ou prisonnier n'a ami ni parent;
E si m'laissan per aur ni per argent,	Et s'ils me laissent pour or et pour argent,
Mal m'es per mi, mas pieg m'es per ma gent,	Mal m'est pour moi, mais pire m'est pour mon peuple,
Qu'après ma mort n'auran reprochament,	Après ma mort ils en auront reproche,
Si sai mi laisson pres.	Si ici ils me laissent prisonnier!
Nom'meravilh s'ieu ay lo cor dolent,	Je ne m'étonne plus, si j'ai le coeur dolent
Que mos senher met ma terrá en turment;	Car mon seigneur (Philippe Auguste) met ma terre en tourment.

No li membra de nostre sagrament	Il ne lui souvient plus de notre serment
Que nos feimes el san cominalment	Que nous fîmes au saint ensemble.
Ben sai de ver, que gaire longament	Bien je sais de vrai que guère long temps
Non serai en sai pres.	Je ne serai en ça prisonnier!
Envoi	Envoi
Suer comtessa, vostre pretz sobeiran	Soeur comtesse, que votre gloire supérieure
Sal Dieus, et gard la bella qu'ieu am tan	Dieu sauve! et qu'il protége la belle que j'aime tant.
Ni per cui soi ja pres.	Et par qui je suis déjà prisonnier.

Les Normands et les Anglo-Normands déployèrent alors une telle activité que le romancero du Nord l'emporta sur celui du Sud, surtout lorsque Rollon (Raoul) eut été reconnu duc de Normandie l'an 912 et que Hugues Capet, l'un de ses successeurs fut monté au trône de France; l'amour que Henri II d'Angleterre avait pour les sciences et sa langue-mère n'y contribuait pas moins.

Les lois de Guillaume le Conquérant font bien le plus ancien livre écrit dans cette langue et il fait la base du droit anglais. En voici une preuve:

> Si home apeled altre de larcin, et il sot francz home, ed il ait ond ca verre testimonie de lealté, s'en escondira per plein serment: et altre qui blasmed ait estet, per serment nomed: ço est a savoir qu'à corte homes léals per non, si il aver les pot, si s'en escouriad sei dudzime de main: et si aver nes pot, si se defende per iuis, e li apeleur jurra sur lui jur set homes només, qui pur haür nel fist ne pur altre chose, si pur son dreit non purchaçer.

En latin:

> Si quis alterum appellet de latrocinio, et is sit liber homo, et aliquando habuerit verum testimonium de legalitate, excondicet (i. e. excusabit) se per planum sacramentum: et qui infamatus ante fuerit, per sacramentum nominatum: videlicet ex curia hominum legalium parium, si eos habere potuerit, excondicet; seu purgabit se duodecima manu; et si eos habere non potuerit, defendet se per judicium (i. e. purgatio vulgaris) et appellans jurabit super se et septem homines nominatos, quod propter nullum odium id fecerit; nec propter ullam aliam causam quam ut ius suum persequeretur.

La langue d'oïl, comme nous l'avons déjà dit, pénétra avec les Normands jusque dans la Sicile et dans la Pouille, et se répandit en Orient l'an 1099 par la fondation du royaume de Jérusalem et du Code, nommé Assises de Jérusalem.

L'an 1202 elle arriva avec les croisés à Constantinople où elle fut parlée pendant 58 années et même jusqu'à la fin du 13ème siècle. Un auteur espagnol, Raymond Montanero dit que de son temps, l'an 1300, on a parlé le français dans la Morée, en Grèce et à Athènes aussi bien qu'à Paris.

C'est une circonstance peut-être très peu connue qu'après la cinquième croisade un noble de Bourgogne, Otton de la Roche a régné sur Athènes et avait adopté le titre de Megaskir. Comme vassal du duc de la Morée il fut attaqué par Villehardouin et fut contraint de se soumettre. Appelé devant le tribunal du roi de France pour rendre compte de sa conduite, il fut déchargé et eut le titre de duc d'Athènes. Il régna long temps, mais sa dynastie ne dépassa pas la troisième génération. (Comparez Michaud, Correspondance d'Orient.)

Il paraît que les rois de France, à l'exception de Philippe Auguste et de Louis IX se sont très peu occupés de la culture et de la littérature de leur pays. Les guerres continuelles qu'ils avaient à faire à leurs vassaux et à l'Angleterre les avaient plutôt poussés à affermir et à étendre leur puissance. Mais lorsque les guerres étaient terminées, ils commencèrent à donner leur attention aux arts et aux sciences.

Les poëtes du Nord de la France se nommaient Trouvères.

La Normandie a livré à la France un grand nombre de poëtes distingués tels que: Wace, Alexandre de Bernay, Basselin, Crétin, Chartier, Marot, Malherbe, Corneille, Chaulieu, Malfilâtre, Chênedollé, Délavigne &c.

Adèle, comtesse de Blois et Mathilde de Flandre étaient aussi poëtes.

On rencontrait en général, parmi le peuple, toujours beaucoup de goût pour la poésie. C'est ainsi que dit entr'autre Jean le Chapelain:

Usaigne est en Normandie
Que qui hébergié est, qu'il die
Fable ou Chanson lie à son hoste
Cette custume pas n'en oste
Sire Jean de Chapelain.

Le romancero du Nord et le romancero du Sud se développèrent d'autant plus rapidement et plus noblement que la meilleure partie de la nation, même les personnes les plus distinguées s'y vouèrent et qu'elles s'adonnèrent à la poésie. La plupart des formes du romancero du Sud et même les formes qui étaient empruntées aux Arabes furent transportées dans le Nord, mais qui avait encore plusieurs formes à lui propres, telles que les fabliaux et les romans, sous quel nom on entendait alors bien autre chose que de nos jours.

Tandis que les poésies du romancero du Sud nous présentent, par préférence, un caractère lyrique, celles du romancero du Nord font voir plutôt le caractère épique et se distinguent par leur naïveté, leur franchise, leurs saillies, par leurs traits fins, souvent satiriques, qui leur prêtaient un charme tout particulier.

Les Normands sont, sans doute, les inventeurs des fabliaux et des romans qui répondaient parfaitement à leur esprit avantureux et les premiers Trouvères étaient Normands.

Les virelais, ballades et plus tard les triolets, rondeaux, quatrains, chants royaux &c. étaient des subdivisions du chant. Les dicts, lays, complaintes &c. ont été rangés au nombre des contes ou des fabliaux.

Bien que l'ancien français se continuât encore dans les poésies, la prose au contraire tendait à s'approcher du langage de la vie ordinaire et du commerce sociale, voilà la raison pourquoi la prose la plus ancienne est plus facile à comprendre que les poèmes du même temps et elle se distinguait par la suite de plus en plus par sa naïveté, sa clarté et sa legerté, et le jugement de Voltaire: cequi n'est pas clair, n'est pas français, s'emploie déjà aux plus anciens écrits en prose.

Certes, le goût poétique généralement répandu, la lecture d'un grand nombre de poésies ont dû beaucoup favoriser le langage de la vie sociale et lui donner plus d'essor et de grâce, cequi se manifesta bientôt dans les ouvrages en proses, dont les plus anciens remontent jusqu'au commencement du XIII siècle, si l'on ne compte pas les romans et les fabliaux qui, quoique écrits d'abord en vers, furent transformés en prose.

En Italie la langue d'oc fut employée à la poésie et la langue d'oïl à la prose. Les mémoires, dont la France possède une plus grande abondance que toutes les autres nations, sont les écrits dans lesquels la prose a déjà fait de grands progrès.

Le plus ancien auteur de mémoires est Ville-Hardouin de la Champagne, qui peint la croisade des Vénitiens et des Français, la prise de Constantinople avec une grande simplicité, vivacité et fidélité. Bien plus intéressants encore sont les mémoires du chevalier Jean de Joinville, qui accompagnait Louis IX dans sa croisade en Palestine et qui a décrit la vie et les actions de ce roi. Ses mémoires sont écrits avec une telle vivacité et fidélité qu'on croit voir les événements eux-mêmes. Jean Froissart était non seulement poëte, mais aussi chroniqueur, sans doute le plus remarquable de son temps et il est très important pour l'histoire de son siècle. Un assez grand nombre d'auteurs de mémoires ne méritent pas d'être cités à l'égard du développement de la langue, leurs mémoires étant écrits dans un mauvais style.

Il faut cependant faire mention de Philippe de Commine, un des hommes les plus spirituels et les plus savants du 15ème siècle. On l'a souvent comparé à Tacite tandis qu'on comparait parfois Froissart à Hérodote.

Philippe de Commine, né en Flandre d'une famille noble, qui jouissait d'une grande considération, fut élevé à la Cour de Philippe le Bon de Bourgogne et devint plus tard chambellan de Louis XI et sénéchal de Poitiers, Ses mémoires embrassent la période de 1464—1498 et devinrent, par l'esprit pratique, les bons principes, la sagesse et la prudence que l'on y rencontre, une lecture favorite, étant écrits dans un style nerveux et naturel et contribuant par là au goût et au style.

Depuis l'an 1200—1500 la littérature française compte a-peu-près 150 poëtes dont la plus grande partie appartient à la noblesse et dont nous ne citerons que les suivants. Thibaut, comte de Navarre, qui monta au trône de Navarre l'an 1234. C'est bien le plus ancien poëte lyrique français du Nord. Ses poësies ont beaucoup de ressemblance avec les poésies des Troubadours et se distinguent par leur grâce, leur pureté et leur délicatesse. Dans ses chants les syllabes sont pour la plupart comptées, elles n'y sont plus prosodiquement mesurées, il paraît donc qu'on avait déjà renoncé alors à la prosodie latine; Charles d'Anjou, frère de St. Louis; Marie de France; Gasses Brulen; le Châtelain de Cousy; Thierry de Soissons; la dame Doëte de Troyes. Au temps de la plus grande floraison de la poésie lyrique provençale du Nord de la France appartient encore Jean Froissart, né à Valenciennes l'an 1337, très estimé de son temps comme historien; il se distinguait encore comme poëte lyrique, mais le plus eminent des poëtes du 15ème siècle était le duc Charles d'Orleans, petit fils de Charles V, le Sage. Ses poésies n'ont été publiées que dans le temps modernes; elles plaisent par leur vérité, leur simplicité et leur grâce, mais elles ont une teinte d'un caractère mélancolique.

Dans cette série se rangent encore: Jean, duc de Bourbon; Philippe, duc de Bourgogne; Jean, duc de Loraine; Renat, duc d'Anjou, plus tard roi de Sicile; Olivier Basselin, qui vivait dans la vallée de Vire en Normandie, écrivait plûtôt dans le sens des Trouvères. Ses poëmes reçurent le nom de Vau-de-Vire, dont on a fait vaudeville; Martin Franc; Alain Chartier, poëte très estimé de son temps, était secrétaire de Charles VI et VII; François Corbuel, nommé Villon, dont Boileau fait une honorable mention, est le représentant de cette poésie burlesque et frivole qui fut continuée et perfectionnée par Coquillart, Charles de Bordigné, Guillaume Cretin, puis par Regnier, Marot, Voltaire, Pierre Michault, Martial d'Auvergne, procureur du Parlement. Les fabliaux sont des contes rimés plus ou moins longs qui se distinguent souvent par une grâce naïve, par des saillies et dans lesquels bien des auteurs ont puisé plus tard.

L'épopée d'animaux, le Renart, a une grande ressemblance avec les précédents pour le langage et le contenu. Il est douteux qu'elle soit originairement de Flandre ou de France, cependant on a déjà donné, au 12ème siècle, à un homme d'un air sauvage ironiquement le nom d'Isengrim et tout le monde comprenait le sens de ce mot. Cette épopée d'animaux existe en langue française, latine, hollandaise et allemande et a subi bien des rédactions, surtout en France et celle qui a été éditée par Meon ne compte pas moins de 40,000 vers. Pour de plus amples renseignements sur le Renart lisez Gervinus Geschichte der poetischen Nationallitteratur. Les romans des plus anciens temps ne désignent pas ceque désignent les romans de nos jours, au contraire ils désignent toute la poésie épique du moyen-âge, à laquelle les croisades ont probablement donné occasion.

Les plus anciens romans étaient versifiés, plus tard on les écrivait en prose et ceux qui étaient versifiés furent refaits en prose.

On réunit les productions de cette espèce, dont il y a une quantité immense, en différents cercles de traditions:

1. Les traditions de l'épopée nationale:
   a) du cercle franc,
   b) du cercle breton,
   c) du cercle normand,
   d) les sujets antiques, empruntés à l'antiquité grecque et romaine.
2. Les ouvrages épiques de l'Eglise dont les sujets ont été tirés du vieux et du nouveau testament, des histoires des martyrs et des saints. C'est au 13ème siècle que parut le Roman de la Rose, poëme allégoro-didactique dans lequel alternativent des allégories, des subtilités scolsatiques, des contes historiques, des discours satiriques contre des moines et des femmes, et cependant ce poëme, qui contient plus de 20,000 vers, passait pendant plusieurs siècles pour l'oeuvre le plus génial et était même devenu une lecture favorite des dames, quoiqu'elles n'y fussent pas ménagées, jusqu'à cequ'on se fût convaincu de son immoralité et qu'on prêchât contre ce poëme.

Le chancelier de l'Université de Paris Gerson s'exprimait à ce sujet: Auferatur ergo liber talis et exterminetur absque ullo uso in futurum, speciabiliter autem in partibus in quibus utitur personis infamibus et prohibitis, sicut vetula damnata, que indicare debet ad supplicium pilorii.

Le commencement de ce poëme a pour auteur Guillaume de Lorris, la seconde partie, la plus grande, Jean de Meung avec le surnom de Clopinel.

Si ce poëme, comme bien d'autres, n'a apporté que peu d'avantages à la marche de la langue, c'est en revanche l'Université, fondée à Paris, qui commençait à faire sentir son influence.

Les deux auteurs qui ont fait la description de la vie de St. Louis, le Sire de Joinville et M. de Choisi y contribuèrent, le premier par la naïveté, l'autre par la légèreté de son style.

Jusqu'à François I, restaurateur des lettres, la littérature française s'était développée assez indépendamment de l'influence étrangère et avait montré, dans ses commencements imparfaits, une certaine originalité qui, secondée par des études plus profondes et par un meilleur goût aurait fait attendre quelque chose de bon. Quoique les Mystères et les Moralités s'éloignassent encore de beaucoup de la véritable poésie dramatique, le Maître Pathelin l'Avocat avait cependant frayé le chemin à la véritable comédie.

Au 15ème siècle les Français ont fait la connaissance de la littérature italienne et commencèrent à se laisser conduire par cet excellent guide, mais lorsque l'étude de l'antiquité s'éveilla en Italie et qu'elle prit de nouveau racine en France, les Français quittèrent cette belle voie, dans laquelle ils étaient déjà entrés pour imiter servilement les Anciens, mais cette forme ne convenant pas au goût de la nation, on voulut aussi tenir compte au goût national et l'on confondait les temps, les moeurs, les usages et les caractères de la manière la plus ridicule, cequi fut d'autant plus facile qu'on n'avait pas encore bien saisi l'esprit des Anciens. On allait même jusqu'à mesurer les vers à la manière des Romains, c'était une forme qui amenait trop de gêne à la langue, qui avait déjà fait des progrès, forme qui ne put s'acquérir d'approbation.

Sept hommes surtout, unis de sentiment, s'aperçurent fort bien qu'il fallait venir au secours de la poésie et de la langue que les imitateurs de Marot, dépourvus de tout talent, avaient dénaturées et rendues affétées, mais au lieu de continuer de travailler dans le sens de Marot, qui avait déjà renoncé au langage des fabliaux, ils s'unirent et formèrent les Pléïades, une imitation de celles d'Alexandrie, qui florissaient sous le règne de Ptolemée Philadelphe.

Ces sept hommes, qui avaient nourri leur esprit des ouvrages classiques de Antiquité, étaient: Ronsard, Jodelle, du Bellay, Antoine de Baïf, Pontus de Thiard, Remi Belleau et Jean Daurat (Dorat).

Jodelle et surtout Ronsard sont les seuls qui se distinguassent; mais c'est Jodelle, qui par préférence, a mérité du perfectionnement et de l'ennoblissement du drame français.

Ronsard est, sans contredit, suppérieur à Jodelle, il possédait un grand talent et une bonne volonté d'élever la poésie française, mais il manquait cependant de la véritable force créatrice ainsi que du bon goût; cela ne l'empêcha pas, surtout, lorsque la Cour s'était déclaré pour lui, de se regarder comme législateur du Parnasse français et d'aspirer à la gloire d'être, en même temps, le Pindar, l'Homère, le Virgile et l'Horace français, mais son imitation outrée des Anciens amena plus de désavantages que d'avantages et la Bruyère s'exprime déjà, sur son compte, de la manière suivante: Ronsard et les auteurs, ses contemporains, ont plus nui au style qu'il ne lui ont servi. Ils l'ont rétardé dans le chemin de la perfection; ils l'ont exposé à la manquer pour toujours et à n'y plus revenir. Il est étonnant que les ouvrages de Marot, si naturels et si faciles, n'aient su faire de Ronsard un plus grand poëte que Ronsard et Marot.

Boileau dit aussi de Ronsard:

Réglant tout, brouilla tout, fit un art à sa mode,
Mais sa muse en français parlant grec et latin,
Vit dans l'âge suivant, par un retour grotesque
Tomber de ses grands mots le faste pédantesque &c.

Cependant il est vrai qu'aucun poëte n'a atteint, de son vivant, une plus grande gloire que Ronsard. Il s'essaya dans tous les genres de poésies, fit une grande quantité de sonnets, de chants, d'élégies, de matrigaux, d'odes, d'hymnes et prouva par là sa grande productivité. Sa nation étant pauvre en épopée, il voulut aussi s'essayer dans se genrc-ci et composa sa Franciade, qui laisse le lecteur très froid et qui est encore bien loin de la perfection. Contre l'école de Ronsard et ses imitateurs, qui cherchaient à surpasser encore leur maître en pédantisme élégant s'élevèrent déjà Jean Bertraut et Philippe Desportes, deux prélats qui se distinguaient par le ton simple et naturel, mais c'est cependant Malherbe qui a le mérite d'avoir introduit un meilleur goût dans la poésie française et d'avoir arrêté la marche nuisible de l'école de Ronsard.

Malherbe fit prendre à la poésie lyrique un dégré supérieur et développa dans ses poésies une délicatesse, une dignité et une élégance d'expression qu'on n'a plus égalées que bien long temps après. Son ami Honorat de Beuil, marquis de Racan, poëte assez important, s'est principalement distingué dans la poésie bucolique (idylle) es y fit époque. Ses poëmes portant le nom de Bergeries. Mais plus grand que lui et même le poëte le plus spirituel était le chanoine Mathurin Regnier. Son penchant pour la poésie satirique se décelait déjà dans sa jeunesse. Son mérite est d'autant plus grand qu'il s'opposait énergiquement au pédantisme de l'école de Ronsard et qu'il rendait leur manière ridicule. Comme nous en avons fait mention ci-dessus Jodelle a réformé le drame français dans sa Cléopatre et il a déjà observé les trois unité d'Aristote, qui devinrent loi pour les tragédies futures. Sa pièce est déjà composée en cinq actes. Bien que sa Cléopatre soit encore fort éloignée d'une tragédie parfaite, il y a cependant une distance énorme entre elle et les Mystères. Jodelle a aussi écrit une Didon qui, à l'exception du choeur, est déjà écrite en vers alexandrins, mode de vers qui est légal pour la tragédie française.

Jodelle a aussi voulu réformer la Comédie, il écrivit sa comédie Eugène ou la Rencontre et quoique cette pièce soit une imitation de Plaute et de Térence, l'invention du sujet est à lui propre et le langage, les moeurs et les caractères sont véritablement français.

Jodelle a trouvé beaucoup d'imitateurs dont les productions ont fait plus ou moins de bruit de leur vivant, mais que nous pouvons passer, même Alexandre Hardy qui avait écrit 800 pièces, dont quarante seulement se sont soutenues, et Garnier, qui a déjà renoncé au choeur grec, mais qui est supérieur au précédent.

Quelques auteurs tels que Mairet, Tristan et Rotrou s'approchèrent du vrai caractère tragique, mais qui ne fut conçu dans toute son étendue que par Pierre Corneille dans son Cide, par Racine dans son Athalie, Britanicus, Andromaque &c. Ces deux derniers auteurs portèrent le langage poétique au dernier période et c'est surtout Racine qui jusqu'ici n'a été surpassé de personne pour l'élégance de l'expression, pour l'excellence de la langue. Frédéric Schlegel dit de Racine: il atteignit relativement à la langue et à l'art de la versification, d'après mon sentiment, un fini harmonieux tel que ne l'ont atteint ni Milton dans l'anglais, ni Virgile dans le latin, et qui n'a plus été atteint depuis dans la langue française. Malgré toutes les beautés de Racines on croit que ses ouvrages manquent de force, de profondeur, de nature, de vérité et de vie.

Unique dans son genre vous apparaît le roman satirique: La vie inestimable du grand Gargantua de Rabelais. Bien qu'il ne soit pas un chef d'œuvre de la composition satirique, ce livre regorge de tant d'originalités et de bons mots qu'il devint une lecture universelle et même une lecture favorité de Lafontaine et de Sterne. Il décèle déjà le véritable caractère (esprit) satirique, qui se manifeste par une liberté licencieuse, une humeur enjouée, par des bons-mots et par des railleries joyeuses.

C'est ici qu'il faut faire mention de Montagne dont l'ouvrage se distingue par la naïveté, la vérité et la sincérité et dont le style particulier s'approche tantôt presque de l'éloquence de Ciceron, tantôt c'est la brièveté qui cherche à atteindre à celle de Tacite et de Saluste et puis c'est sa riche phantaisie et sa facilité inépuisable qui nous étonnent et qui nous portent à le comparer à Ovide. L'ouvrage de Montagne nous entraîne d'autant plus à l'admiration qu'il n'a pas eu de modèle sur lequel il eût pu travailler et que la prose française n'a pas encore été perfectionnée.

L'amélioration du style doit une assez belle part à René Descartes, homme d'un grand esprit; et cette part eût été bien plus grande encore, s'il n'avait pas écrit une grande partie de ses ouvrages en latin.

L'Académie française nouvellement créée eut une grande influence sur le perfectionnement de la prose, comme le prouve les ouvrages d'un grand nombre d'Académiciens.

Les grammairiens Vaugelas, Patru et Menage peuvent être regardés comme de véritables artistes de la langue française.

Les Maximes d'états de Richelieu méritent de même, à l'égard du style, une honorable mention.

Quant au style épistolaire qui, jusque vers cette époque-ci, était resté stationnaire, prit maintenant, où l'ancienne naïveté disparaissait et où l'élégance et la correction de la langue se développaient, un nouvel élan; Balzac et Voiture étaient les deux premiers qui rivalisaient ensemble et bien que l'un et l'autre eussent leurs fautes particulières, ils ne laissaient pas d'avancer le caractère de la lettre.

Le ton élégant que l'on cultivait maintenant dans les cercles instruits était de manière que dès à présent le style épistolaire fut porté au plus haut dégré de perfection, principalement par des femmes, telles que Ninon de l'Englos, Babet, amante de Boursault, madame de Maintenon, et surtout par la marquise de Sévigné. Les lettres de ces femmes ci-mentionnées se distinguent par un beau style, la sensibilité, les épanchements et par une grande connaissance du monde et des hommes.

Nous voilà maintenant entrés dans le siècle des Louis XIV, siècle que Voltaire peint de la manière suivante: C'était un temps digne de l'attention des temps à venir que celui où les héros de Corneille et de Racine, les personnages de Molière, la voix de Bossuet et des Bourdaloue se faisaient entendre à Louis XIV, à Madame, si célèbre pour son goût, à un Condé, à un Turenne, à un Colbert et à cette foule d'hommes distingués et supérieurs en tout genre.

Ce siècle qui se glorifie de tant de grands hommes est souvent nommé l'âge d'or de la littérature française.

Quoique Louis XIV et son ministre Mazarin n'allassent guère plus loin que de donner des secours pécuniaires à des savants du pays et de l'étranger, on sait bien, combien son ministre Colbert a protégé les sciences, quel avantage la fondation de l'Académie des Inscriptions et des belles Lettres, la splendeur de la Cour royale, les œuvres des grands poëtes et des grands prosateurs et prédicateurs ont apporté à la correction et à la sublimité de la langue, de sorte que plusieurs n'ont été atteints depuis et qu'il paraît que jusque vers les temps nouveaux la langue n'a plus fait de progrès sensibles, si non que les dramatiques, surtout du 19 siècle, ne s'attachassent plus aux trois unités, qui liaient et gênaient tant les dramatiques des siècles derniers. Leber dit: Les progrès que faisait la prose durant ce temps, la clarté, la précision et la perfection qu'elle atteignait dans l'histoire, dans l'éloquence et dans le style épistolaire, elle les doit en partie aux efforts de plusieurs philologues, qui y donnèrent leurs soins assidus pendant des années, mais aussi en partie à l'étude des anciens modèles classiques des Grecs et des Romains dont les ouvrages furent dès lors étudiés davantage, et mieux conçus qu'autrefois.

Les hommes qui ont fait sentir si puisamment leur influence sur la langue et les différentes espèces de compositions littéraires et qui les ont portées au plus haut dégré de perfection sont, comme nous l'avons déjà dit en partie ci-dessus: Pierre Corneille; Racine dont les deux discours soutenus à l'Académie ainsi que ses lettres sont également très estimés à cause de leur style magnifique; Molière dont les pièces excellentes ont frayé un nouveau chemin à cette espèce de compositions poétiques, et dont l'Académie dit dans une inscription qui se trouve sur sa buste: Rien ne manque à sa gloire, il manquait à la nôtre; Regnart qui se distinguait par la correction de la langue, par la facilité du dialogue et par ses saillies vraiment comiques; Charles Rivière Dufresny; le Sage; Destouches; Philippe Quinault au langage excellent; La Fontaine; Boileau; Luillier, nommé Chapelle; Chaulieu; Jean Baptiste Rousseau dont Barante parle en ces termes: Il a apporté dans presque toutes ses odes une grande verve et une sorte d'harmonie pompeuse que seul il a su donner à notre langue; Fontenelle; Fénélon, qui développe dans ses ouvrages, particulièrement dans son Télémaque, un style du plus parfait, une prose presque poétique.

Il est incontestable que Bossuet, particulièrement Bourdaloue, Massillon ainsique Fléchier par leurs prédications et leurs oraisons funèbres, dans lesquels ils ont manifesté une éloquence qui depuis n'a plus guère été atteinte en France, ont beaucoup contribué à élever la langue.

Nous ne pourrons pas passer sous silence quelques hommes dont les écrits excellent par un style mâle et énergique; ce sont: François de la Rochefoucauld et le cardinal François Paul de Gondy; le chancellier François d'Aguesseau dont les écrits sont un modèle d'une éloquence parfaite; puis Jean de la Bruyère qui a écrit dans un langage très-parfait.

Pendant le 17ème siècle la poésie baissait sensiblement, non pas qu'on n'eût plus fait de vers, mais ces vers ne purent plus s'élever à la hauteur des héros qui précédaient, la prose au contraire fut cultivée avec un soin particulier.

Comme la Cour de Louis XV ne faisait presque rien pour la littérature, elle dut ses résultats et l'élégance de la langue, qui se continuait encore, particulièrement à plusieurs femmes spirituelles, qui réunissaient autour d'elles un cercle d'hommes distingués et qui donnèrent dès lors le ton en matière de goût et de littérature. Au nombre de ces femmes figurent, avant tout, madame Tancin, madame Jeoffrin, madame Deffant, mademoiselle l'Espinasse. Il y eut encore des réunions savantes chez M. Pelletier, fermier général, chez M. Holbach, Grimm et Helvétius.

Au 18ème siècle une nouvelle haleine rafraîchissante, animée par François Marie Arouet de Voltaire, homme d'un grand génie et de connaissances très étendues, qui s'est essayé avec bonheur dans tous les genres de poésies, vint parcourir la littérature. Voltaire contribua beaucoup au développement et à l'élégance de la langue, ses ouvrages étant lus non seulement en France, mais encore dans toutes les nations civilisées.

Montesquieu, bien qu'il ne fût pas poëte, s'acquit par ses Lettres persannes, ses Causes de la grandeur et de la décadence des Romains et tout particulièrement par son Esprit des lois une gloire qui n'était pas moins grande que celle de Voltaire et qui lui assigna une des premières places parmi les grands esprits. Le langage de Montesquieu est magnifique et son Temple de Guide est écrit dans une prose poétique.

Pour juger de l'influence que J. J. Rousseau a eu sur la littérature, la langue et le style, il suffit de lire quelques-uns de ses ouvrages, et quoiqu'il ne tombât pas dans les fautes communes, il en a d'autres causées par les conditions particulières dans lesquelles il se trouvait. Sa dialectique et son style sont excellents, entraînants et plusieurs de ses écrits sont du plus beau qui ait paru dans son siècle.

Celui qui occupe une place supérieure parmi les grands hommes de son siècle, c'est, sans contredit, le grand naturaliste Le Clerc, comte de Buffon, qui, doué d'une brillante imagination et d'un coup d'œil philosophique, s'est rendu maître des descriptions et du style. Son discours sur le style, soutenu à l'Académie, prouve évidemment quelle est l'importance qu'il attache au style et qu'il exprime en ces termes: le style est l'homme même. Le grand Cuvier rapporte sur lui: pour la marche forte et savante de ses idées, pour la pompe et la majesté de ses images, pour la noble gravité de ses expressions, pour l'harmonie soutenue de son style, il n'a peut-être été égalé de personne.

Sans nous étendre sur les écrits et les idées philosophiques des Encyclopédistes qui sont déposées dans leur grand ouvrage „Dictionnaire universel et raisonné des Connaissances humaines", nous ferons seulement remarquer que cet ouvrage a eu une grande influence sur toute la littérature et que bien des traités se distinguent avantageusement par un style nerveux et magnifique, surtout ceux, qui sortirent de la plume de Diderot, d'Allembert et particulièrement de Condillac, qui excellent par leur clarté et un langage exquis.

Il y avait en outre encore un grand nombre d'hommes lettrés et de savants qui ont exercé une influence assez saillante sur le style de leur temps, nous n'en citerons que Jean Jacques Barthélemy; le duc de Saint-Simon dont les mémoires sont des modèles; Marmontel; La Harpe; Dumarsais dont les écrits se distinguent par leur légèreté et leur élégance; le comte de Florian et tout particulièrement Bernardin de St-Pierre dont les œuvres ont été reçus avec enthousiasme. Un sentiment très-religieux et moral et un style excellent les distinguent et il fait, en quelque sorte, avec M. de Châteaubriand et Madame de Staël la transition à la période suivante, de l'athéisme à la piété chrétienne. Il a eu la plus grande part à ce changement et il opéra plus que tout autre auteur une influence salutaire sur son temps.

Après les grands prédicateurs ci-dessus nommés il n'y en eut que fort peu pendant le 18ème siècle qui surent se faire quelque renommée, tel que l'abbé de Beauvais.

L'éloquence du barreau ainsi que l'éloquence académique se développèrent de plus en plus dans cette période et fournirent des hommes supérieurs tels que le chancellier d'Aguesseau, les avocats Normand, Cochin, Servard, Lachalotais, de Beaumont et de Mauléon.

Beaumarchais n'était qu'auteur de comédies et surpassait cependant dans la défense de ses propres affaires les avocats les plus distingués, mais il sut aussi, comme auteur de comédies, répandre dans un langage brillant et spirituel les idées philosophiques qui agitaient son temps.

L'époque académique répandit encore sa gloire sur d'Alembert et particulièrement sur Antoine Thomas, puis sur Chamfort, La Harpe, l'abbé Maury qui excellaient par leurs panégyriques sur de grands hommes de la littérature.

L'enthousiasme que faisait naître la révolution française jeta un nouvel élan dans l'éloquence publique et politique et la développa d'une manière brillante.

Quand même on n'est pas d'accord avec les vues et les idées des héros de la révolution, il faut cependant admirer leur génie et la force entraînante de leur éloquence. Celui qui s'élève comme un météore sur tous les autres c'est Mirabeau, homme d'un grand talent, esprit brillant, pénétrant et juste, rempli de patriotisme et des droits des hommes; puis vient le penseur philosophique Siéyès, Barnave, l'abbé Grégoire, les deux Lameth, Thouret, Languinais, Lafayette, Camus, Merlin, le cardinal Maury, Cazalèz, le ministre Necker, Vergniaud qui savait donner à ses discours un charme inexprimable; Rabaut-St-Etienne, le philosophe Condorcet, Petion, Louvet dont l'éloquence était foudroyante.

Le terrorisme avait aussi ses grands orateurs: Robespierre, Camille Desmoulins, Danton et St-Juste, mais ils employèrent leur grande éloquence plutôt à la perte qu'au salut de la société civile.

Lorsque Napoléon I fut arrivé au pouvoir l'éloquence publique se tut subitement, elle reparut sous la Restauration pour se retrancher sous Napoléon III dans une précaution bien calculée.

Parmi le grand nombre des poëtes qui apparaissaient pendant la seconde moitié du 18ème siècle, il n'y en eut que fort peu qui contribuèrent, par leurs écrits, avantageusement au développement de la langue; les plus dignes d'être cités sont: Lemierre, Dubelloy, surtout La Harpe, puis Marie Joseph de Chenier qui manifeste avec de nobles idées un style nerveux et mâle, et Ducis qui est grand pour les peintures des objets, mais souvent peu correct pour le style; Le Brun, André Chénier, Vitaubé, Perceval de Grandmaison.

Piron et Gresset ont aussi mérité de la langue. Salomon Gessner et Berquin méritent une mention honorable pour le langage des Idylles.

Avant de clorre le 18ème siècle nous citerons encore Delille qui, doué d'une riche imagination, possédait l'art bien rare de prêter aux moindres objets un lustre intéressant, art qu'il devait à son talent extrêmement souple et à son habileté éminente dans le style et dans la construction des vers; puis Esmenard qui, outre un beau langage, fait voir de grandes connaissances et une riche expérience; et enfin l'heureux imitateur de Delille, Legouvé, qui savait exprimer de tendres sentiments dans un beau langage.

Nous arrivons maintenant au 19ème siècle où l'esprit humain a fait des progrès énormes dans tous les ressorts du savoir et où la langue fut considérablement enrichie de nouveaux mots.

On avait cru qu'avec la dernière période du Classicisme la langue était arrivée au dernier développement possible, mais l'on s'était trompé; chaque jour amenait de nouvelles découvertes, de nouvelles inventions, de nouvelles notions, par conséquent de nouveaux mots et la langue commençait un nouveau développement non seulement dans la prose, mais aussi dans les différents genres de poésie. On ne se liait plus si sévèrement aux lois qui étaient déjà observées avant Boileau et qui, à dater de lui, devinrent légalement directives; cela donna un mouvement plus libre pour la forme entière de la poésie ainsique pour la construction des vers. Cette nouvelle marche est due, par préférence, à la connaissance de la littérature étrangère, particulièrement de la littérature allemande et anglaise. A l'opposite du Classicisme cette nouvelle marche est nommée Romanisme, parcequ'en quittant la marche du Matérialisme philosophique on retourna aux idées chrétiennes, au Christianisme positif. Ce n'est qu'après l'an 1820 que le parti du Romanisme fut assez fort pour se défendre contre le Classicisme qui existait jusqu'à cette époque et même encore plus longtemps et qui fut beaucoup favorisé par la Restauration, mais la nation se déclara toujours plus ouvertement pour la nouvelle marche et les ouvrages des auteurs qui suivaient cette nouvelle marche, furent reçus avec plaisir et même avec enthousiasme. M. de Châteaubriand, madame de Staël &c., comme nous l'avons déjà dit, font, en quelque sorte, la transition de l'ancienne école à la nouvelle.

André Chénier, Nodier et Courier ont rendu les services les plus essentiels à la prose de même qu'à la poésie.

La poésie lyrique, qui était encore très pauvre jusqu'ici, fut beaucoup avancée par Lefranc de Pompignan dont le langage est harmonieux et pitoresque, mais plus encore par Le Brun, que les Français nommaient Le Brun-Pindar, étant un imitateur zélé de Pindar; puis par Victor Hugo, Lamartine, de Vigny, Désaugiers et tout particulièrement par Béranger qui, après Désaugiers, est le poëte lyrique le plus favori du temps moderne.

La poésie épique fut encore cultivée par Barthelemy et Méry, Edgar Quinet, Auguste Barbier, par Mmes. Desbordes-Valmore, Amable Tastu et Constance Marie de Salme-Dyck, qui tous ont fait estimer leur nom.

Le langage dramatique se développait, dans les temps modernes, sous la faveur de plusieurs grands talents dramatiques, qui excellent par une grande correction, pureté et habileté; c'est par là qu'ils ont rendu un service essentiel à la langue.

Les plus fertiles des dramatiques modernes sont: Casimir Delavigne, qui cependant est resté fidèle au Classicisme, mais qui ne pouvait pas se refuser à l'influence étrangère et à quelques déviations des anciennes règles et M. Wolff dit à son égard: Les principaux traits du caractère poétique de Delavigne sont: une souplesse extraordinaire du talent, une grande dextérité de la langue, d'heureux changements des tableaux, de la correction et de l'élégance, quoique ses ouvrages manquent souvent de la précision des idées, de la profondeur des sentiments et de la force.

Les deux auteurs dramatiques les plus fertiles sont, sans doute, Alexandre Dumas et M. Scribe qui, doués tous les deux d'un grand talent dramatique, possèdent parfaitement leur langue, se distinguent par une grande correction et par une grande élégance, et qui, par leur grande popularité, contribuent beaucoup à l'amélioration de la langue parmi le peuple.

Jouissant, il est vrai, de bien moins de popularité Lemercier, Arnault, Jouy, Dupaty, Andrieux, Picard et Etienne ont su se distinguer par la beauté et l'élégance de la langue.

Vitet et Mérimée ont essayé à dramatiser l'histoire et ont employé un style vigoureux.

Nous croyons ne pas devoir passer sous silence un poëte unique dans son genre, c'est-à-dire Leclercq qui nous a fourni des proverbes dramatisés et qui a montré qu'il est maître de la langue et du style.

Le langage du Roman et le langage de l'Histoire furent portés dans les derniers temps à une hauteur prodigieuse, ce qu'ils doivent en partie à ces auteurs universels ci-dessus nommés, savoir: Châteaubriand, Victor Hugo, Alfred de Vigny, Nodièr, Madame de Staël, en partie à d'autres qui se sont particulièrement occupés de romans, comme Mme Dudevant qui a fait paraître ses ouvrages sous le nom de George Sand et qui excellent tous pour le style.

Mmes de Flahault-Souza, de Cottin, de Montolieu et Mme Sophie Gay méritent aussi une mention honorable.

Nous citerons encore plusieurs auteurs qui se sont distingués dans le langage du Roman, savoir: Bouilly, Berquin qui s'est aussi fait respecter par ses livres d'enfants, puis Xavier de Maistre qui se distingue encore par un esprit original et par une bonne humeur, mais c'est Paul Lecroix qui, avant tous les autres, excelle par une invention inépuisable, par un heureux arrangement et un style magnifique. Les auteurs les plus en vogue des derniers temps sont, sans doute, Balzac et Eugène Sue. Le premier se plaît à écrire dans un langage coulant, mais aussi à faire des néologies et des bévûes grammaticales, bien qu'à dessein; le dernier se distinguait par une description vive et un langage nerveux.

C'est un attribut des temps modernes que d'avoir trouvé le ton juste et la véritable com-composition du langage historique et nous ne nommerons que fort peu de ceux qui s'y sont distingués. Les historiens antérieurs attiraient seulement l'attention par leur style agréable, les historiens modernes au contraire y ajoutent encore une étude approfondie des sources et de l'exactitude.

Le principe de l'historiographie nous montre trois écoles différentes: 1) l'école systématique ou philosophique; 2) l'école descriptive, et 3) l'école fataliste. Tandisque la première cherche à représenter les faits plus objectivement, à réunir l'ensemble sous un seul point de vue, de sorte que la liaison entre la cause et l'effet ressorte clairement, la seconde cherche à juger des personnes en actions, des destinées et des événements d'après l'état de chaque période, sans avoir égard aux idées, aux vues de notre temps, et abandonne au lecteur de tirer les conséquences lui-même. Malgré les avantages de cette école, qui est obligée de s'appliquer à l'exactitude et de faire des études approfondies, sans l'avis et l'esprit de l'auteur la rélation entre les différents faits ne sera pas reconnue et l'ensemble reste un tableau sans vie et sans forme. La troisième école, l'école fataliste, regarde les actions et les événements humains, les bons et les mauvais, comme une conséquence nécessaire des lois éternelles, auxquels les individus ainsique toute l'humanité sont assujettis et contre lesquelles la volonté humaine ne peut rien.

Les principaux représentants de la première école sont: Guizot, qui s'est formé d'après les modèles anglais, tels que Hume, Gibbon et Robertson, et qui représentent, par préférence, l'école systématique. A lui se rangent encore: Sismonde de Sismondi, Charles Lacretelle et Michelet, ce philosophe spirituel. A la seconde école, la descriptive, s'adonnent: Augustin et Amédée Thierry, le baron de Barante et Capefigue. La troisième école, l'école fataliste, est surtout représentée par Adolphe Thiers, Mignet &c. Tous ces auteurs sont également distingués par une belle composition et un beau style coulant.

Nous ne parlerons pas de ces nombreux historiens et auteurs de mémoires parmi lesquels excellent aussi plusieurs dames, qui s'appliquaient à un beau style et à une vive composition et qui influencèrent par là sur leur grand cercle de lecteurs. Cependant il y en a encore plusieurs qui méritent d'être nommés à cause de leur style distingué et spirituel, savoir: Villemain, Fauriel, Ampère (fils du grand mathématicien), Saint-Marc Girardin et l'abbé Mennais.

Il nous reste encore à citer les grammairiens qui ont le plus contribué à fixer la prononciation, l'orthographe et la formation des phrases, savoir: Beauzée, Béscher, Boiste, Boniface, Caminade, Catinaux, Chapsal, Condillac, Dangeau, Demandre, Desmarais, Domerque, Dubroca, Duclos, Dumarsais, Feraud, Gattel, Girard, Girault-Duvivier, Nap. Landais, Laveaux, Lemare, Levisac, Marmontel, Maugard, Menage, Noël, d'Olivet, M. de Port-Royal, les frères Pêcherelle, Regnier, Restaut, Richelet, Rolland, Sicard, Le Tellier, Trevoux, Vaudelaincourt, Vaugelas &c., quoique leurs vues et leurs déterminations ne soient pas toujours les mêmes.

L'Académie de son côté a aussi beaucourp contribué à la fixation de l'orthographe et à la définition des mots et des tournures par la rédaction réitérée de son dictionnaire, paru la dernière fois l'an 1835, sous le titre „Dictionnaire complet de l'Académie“ et dans lequel on a tenu compte des progrès faits par les auteurs et la nation, mais qui était cependant encore fort loin de la perfection, puisque, peu de temps après, il parut un supplément rédigé par les frères Pêcherelle, sous le titre de „Supplement au Dictionnaire complet de l'Académie, contenant 10,000 mots qui ne sont pas contenus dans le Dictionnaire complet de l'Académie.“

Ce supplement ainsique la grammaire qui, sans doute, est une des meilleures, font évidemment preuve du grand zèle de leurs auteurs et de la connaissance exquise de leur langue.

Les productions des temps modernes nous prouvent que la langue n'est pas encore arrivée à son comble, ce qui ne pourrait pas même avoir lieu parmi les peuples vigoureux, qui avancent toujours dans leur développement spirituel; car les langues vivent et se développent avec eux, et il est impossible de fixer jusqu'où ira encore ce développement.

Nous n'entrerons pas dans la prosodie, ni dans l'accent des syllabes, des mots, des phrases, ni dans l'accent grammatical, ni dans celui de la conversation, de la lecture prosaïque et poétique, ni dans celui de la déclamation, nous nous contenterons de citer plusieurs auteurs qui ont plus ou moins épuisé cette matière, savoir: d'Olivet, Prosodie française; Boiste, Panlexique; Mozin, Levizac, Hauschild, Dict. gramm.; Dietz, Grammatik der romanischen Sprachen; Ackermann, Traité de l'accent; Girault-Duvivier, Grammaire des grammaires; l'abbé Basteux et surtout A. Steffenhagen, Französische Orthoëpie.

Nous n'entrerons pas non plus dans la théorie de la formation et de la transformation des mots d'autres langues, telles que de la grecque et de la latine &c., dans la langue française, nous renvoyons ceux qui désirent entrer dans cette matière aux ouvrages de Du Cange, Roquefort, Raynouard, Fallot, Ampère, Génin, Fauriel, Mary-Lafon, Ph. Chasles, O. Leroy, Rapp et de G. H. F. de Castres.

Si l'idiome des gens lettrés est celui qui s'est formé par la science et par l'art, celui qui est parlé du peuple lui est opposé et se divise en un grand nombre de dialectes ou patois, dont on compte, avec les subdivisions, plus d'une centaine.

Ces dialectes diffèrent beaucoup les uns des autres selon les éléments originaires qui s'y sont mêlés. Les patois dérivant de la langue d'oc se font remarquer particulièrement par les nombreuses terminaisons en voyelles sonnantes au lieu de se terminer en e muet. Les voyelles sont prépondérantes relativement aux consonnes. Dans les patois de la lanque d'oïl prévalent les sons nasals qui manquent totalement à la langue d'oc pure. La consonne est aussi plus forte que dans la langue d'oc, les voyelles sont moins pleines et outre l'e muet il y a fort peu de terminaisons en voyelles pures. On rencontre souvent dans les patois de la langue d'oc des passages de la voyelle en d'autres voyelles, tandis que la consonne subit peu de changements. Tandis que dans les patois de la langue d'oc l'accent des diphthongues repose ordinairement sur la première voyelle, il repose au contraire sur la dernière dans les patois de la langue d'oïl.

C'en est de même de l'accent grammatical qui dans les dialectes de la langue d'oc ne tombe pas, comme dans les dialectes de la langue d'oïl, sur la syllabe finale des mots, mais pour la plupart sur la penultième, rarement sur l'antipenultième. Il ne faut cependant pas confondre l'accent d'un patois avec l'accent provincial que des gens de la province ont souvent adopté. Pour épuiser cette matière on fera bien de lire les ouvrages suivants: Schnackenberg, Tableau synoptique des idiomes populaires; Pierquin de Gembloux, Histoire littéraire des Patois; Rapp, Physiologie der Sprache; Ackermann, Traité de l'accent.

Quant aux patois il faut en excepter le dialecte de la Basse-Bretagne, qui vient de la langue celtique, et le dialecte basque, qui peut être ramené probablement à l'origine ibérique.

Pour de plus amples enseignements nous conseillons de parcourir: W. de Humboldt, Prüfung der Untersuchung der Bewohner Spaniens mittelst der baskischen Sprache; Hiriart, Introduction à la langue française et à la langue basque; Adolphe Pictet, Affinités des langues celtiques avec le sanscrit.

Les dialectes ou patois généraux de la langue d'oc embrassent:

1) Le dialecte du Languedoc, parlé dans les départements du Gard, de l'Hérault, des Pyrénées orientales, de l'Aude, de l'Arriège, de la Haute-Garonne, du Lot et Garonne, du Tarn, de l'Aveyron, du Lot, du Tarn et Garonne.

2) Le dialecte provençal, parlé dans les départements de la Drôme, de Vaucluse, des Bouches du Rhône, des Hautes et Basses-Alpes, du Var.

3) Le dialecte du Dauphiné (avec beaucoup de restes du langage des Allobrogues), parlé dans le département de l'Isère.

4) Le dialecte du Lionnais, dans les départements du Rhône, de l'Ain, de Saône et Loire.

5) Le dialecte de l'Auvergne, dans les départements de l'Allier, de la Loire, de la Haute-Loire, de l'Ardèche, de la Lozère, du Puy de Dôme et du Cantal.

6) Le dialecte du Limousin, dans les départements de la Corrèze, Hautes-Vienne, Creuse, Indre et Cher, Vienne, Dordogne, Charente, Charante-Inférieure, Indre et Loire.

7) Le dialecte de la Gascogne, dans les départements de la Gironde, des Landes, Hautes et Basses-Pyrénés, du Gers.

Les dialectes de la langue d'oïl peuvent se ranger dans trois grandes catégories dont chacune a des subdivisions qui suivaient le même système grammatical, savoir: le Normand, le Picard, le Bourguignon. Les Normand embrasse tous les dialectes des provinces suivantes: Bretagne, Perche, Maine, Anjou, Poitou, Saintonge; le Picard embrasse les provinces: Artois, Flandre, Hainaut, Bas-Maine, Thiérache, Rhételois; le Bourguignon embrasse les provinces: Nivernais, Berri, Orléanais, Touraine, Bas-Bourbonnais, Ile de France, Champagne, Lorraine; Franche-Comté.

Le dialecte bourguignon très rapproché de la prononciation du français de nos jours était le plus important, car il embrassait l'idiome de l'Ile de France, qui se parlait à la Cour et dans la capitale, et qui s'est transformé dans le nouveau langage français.

On n'a fait usage des patois qu'aux chansons populaires et qu'aux farces locales dramatisées.

Voici, pour clorre notre Coup d'œil, plusieurs exemples de patois.

I. Langue d'oc.

1. Du Patois languedocien:

Hier, tant que le caüs, le chot è la cabéco
Tratâon à l'escur de lours menuts afas,
Et que la tristo néyt, per moustra sous lugras
Del gran calel del cél amagabo la méco;
Un pasturel disio: bé fayt uno gran péco
De douna moun amour a qui nou la bol pas,
A la bélo Liris, de qui l'armo de glas
Bol rendre pauromen ma persuto buféco.

2. Du Patois gascon:

Ne soun pas you dequets qui disen; n'es arrei
Que's ibe hemne qui s'anégue.
Qu'es fort, au mei abis; puchque le hemne héi
(Et certes personne n'at négue)
D'ou qui sab plan, se le causi,
Toute le yoye é lou plési.
Si dounc ere atau es au bisougn noste ayude,
Be merite à boun dret au meigus d'esta plaignude
Quén ly bin lou mé gran dous maus.

3. Du Patois dauphinois:

Notrou meyna serravon les ollagne,
Notrou poulet ayen tot pier chanta,
Et lous eyssarts qu'u fon pé le montagne,
N'ayon quasi ni chalou ni clarta:
Quand un efan que portave una roba
De fin argent (si fin n'en fut jamey),
Que traluyet ni mey ni moins que l'auba,
Nos adussit lo bon tem et la pey.

4. Du Patois haut-limousin:

Mécèno dount lo raço brillo
Dêipéï tant de générotiüs,
E que countas din to fomillo,
Forço grands réïs tant morts que viüs!

Té qué fas touto me ressourço
Pèr l'éymé ni-màï per lo bourço,
Récéis moun premiéz coumpliment.
Càücu dirunt bé qué mo muso
N'éï mas béléü no vieillo buso:
Mâs pèr tant, jomàï lo ne ment.

5. Du Patois bas-limousin:

Mo fenno no fat un tourtel
De bure et de froumadze;
N'en domande un pitsiou mourcel
Coumo per un meinadze;
Me respount din soun lengadze;
Tiens, tiens, tiens,
Coumo ou d'un chien;
Et ieou, paoure, toudzour endure,
Dzomaï non dise ren.

6. Du Patois auvergnat:

Boun jour, Toinoun, coumo te portas-tu?
Que le temps m'ot dura deipeu qu'yo t'ai vegu
Yo z'ai tailla ma plumo quatre quots par t'écrire,
Quatre quots li et toumbado sens poudeis re te dire.
Quand yo voule rimer, yo perde la razou,
Quou ve de moun pau d'aime, noun pas de la sazou;
Enfin, quand yo dioyot gâter tout moun papey,
Faut te dire doux mouts: la gourdio est dins mos deys.

7. Du Patois provençal:

Lou mari mau qu'aqueou d'amour!
L'on s'en souven mai que d'un jour.
Per pau qu'aqueou mau nous carcaigne,
Pouden dire que sian de plaigne,
Et l'emplastre propre au malau
Et souven piegi que lou mau.
Es verai que l'Amour poou plaïre
En lou regardan que d'un caïre,
Mai tamben d'un autra cousta
Es dangeirous de l'escouta.

II. Langue d'oïl.

1. Du Patois poitevin:

Y onguy chez man parcoulour
Et y ly douny le ban jour;
Qui m'envouy chez l'ivocat
Pre ly foaire vere man sac;
Qui après aver tot végut,
Me dit seigé le ban vingut.

2. Du Patois bourguignon:

Guillô pran ton tamborin,
Toi pran tai fleute, Rôbin,
Au son de cés instruman
Turelurelu, patapatapan,
Au son de cés instruman
Je diron Noei gaiman.

3. Du Patois franc-comtois:

N' houme aîva dou offants. Dont lou pu juêne diset ai son père: Père baillame c' qui me doit rev' ni de vouete bin et lou père liou fit le paithiaige de son bin. Peu de jou aipre lou pei juêne de ças dou offants aiyane raimassa tout c' qui l'aira s'en ollait dans un pays aitrangie, bin loin, &c.

4. Du Patois bressan ou jurassien:

Vettia veni la zouli ma;
L'allouetta plinta lo ma:
Vettia veni la zouli ma,
L'allouetta lo plinta.
Lo pole prin sa voléia
Et la voléïa sinta.

On voit bien que ce Patois a adopté une forte teinte des Patois du Sud et on pourrait plutôt le compter au nombre de ceux-ci qu'au nombre des Patois du Nord.

5. Du Patois lorrain ou austrasien:

In Etalien qu'on dehoit Arlotto et que s'é fait cnoche poua sis bouons contes et sis piaihantes gausses, s'embarqueù pou in vouyaidge. Trobin de sis aimis lo preyeunnent de li èchter tote façon d'effaires, au pays d'où qu'il alloit. Il ly d' neunnent di biyets, mais il n'y en é qu'inque, que s'aiviseusse de li d' nè l'ardgent qu'il faloit pou péyi ce qu'il d'mandoit &c.

6. Du Patois de Courtisols:

In home avée dioux efeins. Et le pu dzoune di a son peuire: Mon peuire, bailleume c' que dze daye avaye d' voute bian: et le peuire y ée fée, tout d' in ké — o ce partadze là. Queuque dzours apreus, eul pu dzoune de ce dioux enfeins là euye ramassie c' qu'il avée d' bian, y s'euye aimaleu dins in païs benne long, &c.

7. Du Patois picard:

Oui, je venons itout vous présinter m'n hommage,
Quant à l'égard que d' lo si j' vous parlons picard,
Ch' est que d'ell' varitai, ch' est ell' pus franque image;
On ne connait cheux nous ni goguettes ni fard.
Tenez, cho part d'iqui. Bayez donc tell' Marquise,
Comme tout in chacun vous r'luque et vous ravise
Comme ches tiots guerchons accourient apris vous,
I criouent, i gambadouent tertous, &c.

Du Patois wallon, dans le dialecte de Malmedy:

Jun' y avéve oun homme qu'avéve deux fils. Et l' pu jône des deuss diha atoû s' pere. Pere, duno me lu part do l'héritegche qui m' vint. Et y partiha s' bin inte l'eux deuss. Nin binco d' jours apret, l' pu jône valet ramassa to çou qu'il avéve, et inn' alla bin long d' vin on païs etranghir, &c.

Du Patois normand:

Dans ce Patois-ci a se prononce comme ai, é, ou, p. ex. pé = pas, égairé = égaré, mougier = manger; au se prononce comme iau, p. ex. viau = veau; i se prononce comme è, p. ex. famène = famine, dègne = digne; o se prononce comme eu, p. ex. quemanchit = commença; oi se prononce comme i, p. ex. viage = voyage; u et iu se prononce comme eu, p. ex. apercheut = aperçut; c se prononce comme ch, p. ex. cha = ça, ichin = ici; ch se prononce comme k, p. ex. queux = chez; r comme lettre finale d'une syllabe est élidé, p. ex. paceque = parceque.

www.ingramcontent.com/pod-product-compliance
Ingram Content Group UK Ltd.
Pitfield, Milton Keynes, MK11 3LW, UK
UKHW020516230726
13925UKWH00005B/2176

9 782019 272296